SELECCIÓN CULINARIA

DULCES

BLUME

Contenido

Dulces sencillos

Los dulces son un lujo fabuloso para cualquier ocasión tanto para cocineros experimentados como para principiantes. No hay técnicas difíciles, sólo algunas normas básicas de cocina que hay que tener en cuenta. El resultado puede acompañar a su comida en el trabajo o servirse con copos de nata y virutas de chocolate como postre estrella.

UTENSILIOS

La variedad es lo mejor de los dulces y hay tantos como gente distinta los puede disfrutar. Un dulce puede ser algo tan simple como una barrita de frutos secos, un pastel de crema de tres capas con diferentes tipos de chocolate o cualquiera de los cientos de variantes deliciosas que hay entremedio. Un dulce puede tener una base cremosa, crujiente, esponjosa o cualquier otra que improvise en el momento con lo que tenga en la despensa.

En nuestras recetas, hemos utilizado una gama variada de moldes para adaptarnos tanto al sabor como a la textura de cada dulce, con lo que proporcionamos así una selección de formas, tamaños y grosores. No olvide que debe medir los moldes por la base. Como es lógico, no esperamos que todo el mundo disponga de una gama completa de moldes en la cocina. Si no cuenta con el tamaño indicado, utilice el más próximo del que disponga y adapte los tiempos de cocción en función del molde. Si tiene para elegir, utilice un molde alargado: la mezcla se extenderá más y será más fina y, de este modo, tardará menos tiempo en cocerse. Si utiliza un molde pequeño, es posible que la mezcla empiece a hervir y salga por encima del molde. Ponga debajo una placa para evitar que caigan gotas. Puede que tarde más tiempo en hacerse. Un molde que es oscuro por dentro resulta, normalmente, antiadherente, lo que significa que el pastel se hará un poco más rápidamente y se dorará más (compruebe 5 minutos antes del tiempo especificado en la receta).

Disponer de un buen material le ayudará siempre a conseguir resultados extraordinarios. Las medidas métricas básicas para tazas y cucharadas y una buena balanza le ayudarán a medir los ingredientes de forma precisa, y los aparatos eléctricos, tales como la batidora y los robots de cocina, contribuirán a reducir el tiempo de preparación.

CONSEJOS PARA LOS MOLDES

Verá que en la mayoría de nuestras recetas se forra el molde. El propósito de esto es doble: evita que el preparado se pegue al molde y también facilita inmensamente la acción de desmoldar el pastel una vez cocido. Forre el molde antes de empezar a preparar la mezcla para no tener que hacerlo deprisa cuando lo necesite. Engrase un poco la base y los laterales del molde con mantequilla o aceite pulverizado, y forre después la base con un trozo de papel sulfurizado antiadherente. El papel tiene que cubrir bien la base del molde, sin arrugarse, y debe ser suficientemente largo como para sobresalir por los lados. De este modo, hace la función de asas, lo que le permitirán desmoldar fácilmente el pastel. Por ello, incluso

Hay una amplia gama de moldes adecuados para preparar dulces.

aunque use un molde antiadherente, quizás prefiera forrarlo con papel que sobresalga por ambos lados.

Algunas recetas sólo necesitan que se forre la base. Para ello, dibuje la base en el papel y córtela. Si necesita forrar los cuatro lados del molde, sólo tiene que forrar la base, dejando que sobresalga el papel por los dos lados, y poner otra hoja de papel por encima que sobresalga por los otros dos lados.

MASA PERFECTA

Muchos de nuestros dulces tienen una base de masa. Como hemos dicho antes, ahorrará tiempo de preparación utilizando un robot de cocina, además de suponer menos esfuerzo en cuanto a organización. Recomendamos que se utilice el «botón de pulsar» en el robot de cocina para batir «a intervalos cortos». Si la masa se trabaja demasiado, quedará dura. Por ello, mézclelo poco a poco y bata lo justo como para que la masa ligue. Póngala después sobre una superficie enharinada y NO LA AMASE. Júntela simplemente en una bola y déjela reposar. Evidentemente, puede hacer la masa sin utilizar un robot de cocina en caso de no disponer de uno. Sólo tiene que adaptar la receta y unir los ingredientes con las manos: ponga los ingredientes secos (normalmente harina y azúcar) en un cuenco, añada la mantequilla fría, cortada en dados, y con los dedos vaya uniéndola a la harina hasta que la mezcla quede desmigajada. Forme después una bola. En la mayoría de las recetas, los ingredientes se utilizan a temperatura ambiente, pero para hacer la

Si deja que sobresalga el papel sulfurizado, puede utilizarlo para desmoldar el pastel una vez horneado.

Si no dispone de robot de cocina, frote la mantequilla y la harina con las manos.

5

Algunas masas no necesitan estirarse con un rodillo, sino que se van distribuyendo mientras se aplastan en el molde.

masa necesitará que la mantequilla esté bien fría. Si la amasa usted, necesitará tener también las manos frías.

Algunas de las masas se estiran con el rodillo sobre una superficie ligeramente enharinada, o entre dos papeles de papel sulfurizado, para que no se pegue, antes de colocarla en el molde. Para otras recetas, verá que sólo es necesario aplastar la masa en el molde. Estas masas son normalmente más blandas (probablemente con más mantequilla o más líquido en ellas) y el resultado es una masa más espesa, más parecida al bizcocho.

EN EL HORNO

Muchas recetas necesitan que la base de masa esté un poco horneada antes de añadir la cobertura o el relleno. Esto se denomina «hornear a ciegas». La base de masa sin cocer colocada en el molde se cubre con papel sulfurizado y después se rellena con bolitas para hornear y se mete en el horno. Si no dispone de bolitas especiales para hornear, no se preocupe, puede utilizar arroz y alubias sin cocer. Puede guardarlos luego en un recipiente aparte y volverlos a utilizar las

veces que quiera para hornear a ciegas. Después, se retiran el papel y las alubias y se hornea la masa unos pocos minutos más. A continuación, se añade la cobertura y se finaliza la cocción del pastel.

Si la parte superior comienza a dorarse demasiado mientras se está haciendo, ponga por encima, sin aplastarlo, papel de aluminio o papel sulfurizado (no lo ajuste al molde porque saldría vapor y el pastel se pegaría). Para conseguir mejores resultados, meta el molde en la placa del centro del horno.

En algunas recetas verá indicaciones para comprobar si el pastel está cocido introduciendo un pincho en el centro del mismo. El pincho debe salir seco, sin restos de masa. Si no es así, hornee el pastel otros 5 minutos y deje que repose. Esto no es necesario en todos los pasteles ya que muchos de ellos tienen rellenos blandos. Observará que muchos de los pasteles están blandos al sacarlos del horno, pero se endurecen un poco al enfriarse. Por eso, con frecuencia, se indicará en la receta «déjelo enfriar en el molde durante 5 minutos». Estos pasteles puede que no tengan la consistencia suficiente como para desmoldarlos inmediatamente después de la cocción.

En lugar de bolitas para hornear, puede utilizar arroz sin cocer o alubias.

CONSEJOS

- Para que la ralladura de limón o de naranja sea muy fina, ponga un papel sulfurizado sobre el rallador. De este modo evitará que la ralladura se quede en los agujeros.
- Tostar los frutos secos y el coco antes de utilizarlos potencia su sabor. Extiéndalos sobre una placa para el horno durante 5-8 minutos a 180 °C.
- Utilice una cuchara para aplastar bien la mezcla de masa en el molde.
- Si mete 2 pasteles en el horno, cambie los moldes de sitio a la mitad del tiempo de cocción para que se doren bien.
- Decore los dulces espolvoreándolos con cacao o azúcar lustre. Espolvoree la mitad del pastel o emplee plantillas.
- Bañe porciones enteras de pastel, o las esquinas, con chocolate derretido.
- Envuelva las porciones que no tengan glaseado en película transparente o en papel de aluminio y consérvelas en el congelador hasta 2-3 meses. Saque una porción congelada y póngala en un recipiente para que esté descongelada a la hora de la comida.
- Corte los pasteles con cobertura de chocolate con un cuchillo caliente sumergido en agua hirviendo y séquelo con un paño antes de cortar.

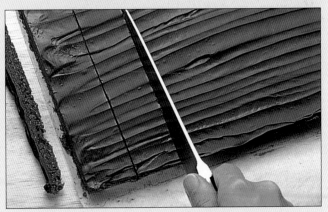

En la mayoría de los pasteles pueden almacenarse las porciones que sobren en recipientes herméticos o en el frigorífico entre tres y siete días.

CORTAR

Desmolde el pastel con ayuda de las «asas» del papel. Es muy fácil cortarlo en cuadrados iguales, en barritas o incluso en rombos si utiliza una regla como guía. Limpie el filo del cuchillo entre cada corte. Utilice un cuchillo de sierra para los bizcochos. Si ha cortado el pastel en el molde, quite primero una porción de las esquinas con una espátula.

Cortar un dulce en rombos da un acabado muy profesional.

Pastel de coco y mermelada

TIEMPO DE PREPARACIÓN: 30 minutos

+ tiempo para enfriar

TIEMPO DE COCCIÓN: 45 minutos

Para 20 porciones

125 g de harina
60 g de harina con levadura
150 g de mantequilla troceada
60 g de azúcar lustre
1 yema de huevo
150 g de confitura de fresa
125 g de azúcar blanquilla
3 huevos
270 g de coco rallado

1 Engrase ligeramente un molde cuadrado de 23 cm, poco profundo; fórrelo con papel sulfurizado que sobresalga por dos lados opuestos. Precaliente el horno a 180 °C.

2 Ponga los dos tipos de harina, la mantequilla y el azúcar en el robot y bátalos a intervalos hasta que la mezcla sea fina y homogénea. Añada la yema de huevo y bata hasta que la masa ligue. Aplaste bien la masa en el molde y déjela enfriar 10 minutos.

3 Hornee la masa 15 minutos o hasta que se dore. Deje enfriar; extienda después la confitura por encima.

4 Bata el azúcar y los huevos; incorpore el coco. Extiéndalos sobre la confitura aplastándolos con una cuchara. Hornee 25-30 minutos o hasta que esté dorado. Deje que se enfríe y córtelo en porciones para servir.

Mezcle las harinas, la mantequilla y el azúcar en el robot.

Aplaste la masa contra el molde y refrigere durante 10 minutos.

Extienda el coco sobre la confitura con una cuchara.

Pastel crujiente de cacahuete

TIEMPO DE PREPARACIÓN: 20 minutos
+ tiempo para enfriar
TIEMPO DE COCCIÓN: 35 minutos
Para 20 porciones

125 g de harina
2 cucharaditas de azúcar lustre
80 g de mantequilla troceada
1 cucharada de agua helada
100 g de confitura de albaricoque

Para el merengue de cacahuete:
250 g de cacahuetes sin sal, picados
185 g de azúcar blanquilla
30 g de coco rallado
1 clara de huevo

1 Precaliente el horno a 180 °C. Engrase ligeramente un molde de 18 x 28 cm, poco profundo; fórrelo con papel sulfurizado que sobresalga por dos lados opuestos.

2 Ponga la harina, el azúcar lustre y la mantequilla en el robot y bátalos a intervalos cortos hasta que la mezcla quede fina y homogénea. Añada el agua y bata hasta que la masa ligue.

3 Ponga la masa sobre la superficie de trabajo enharinada, forme una bola pequeña y extiéndala aplastándola contra la base del molde para que cubra toda la superficie. Pinche toda la masa y hornéela 15 minutos o hasta que esté dorada. Déjela enfriar 10 minutos antes de extender la confitura.

4 Para el merengue de cacahuete, ponga los ingredientes en una cacerola y remueva con una cuchara de madera a fuego lento hasta que la mezcla esté tibia. Extiéndala sobre el bizcocho y hornéelo 20 minutos o hasta que la cobertura esté dorada y crujiente. Cuando se enfríe, corte el pastel en porciones para servir.

Bata la harina, el azúcar lustre y la mantequilla.

Aplaste la masa contra el molde y pinche la superficie con un tenedor.

Mezcle los ingredientes del merengue y extiéndalos sobre el bizcocho.

Mantecadas de piña

TIEMPO DE PREPARACIÓN: 15 minutos

+ tiempo para enfriar

TIEMPO DE COCCIÓN: 30 minutos

Para 20 porciones

150 g de mantequilla
125 g de azúcar blanquilla
2 huevos batidos
150 g de harina
½ cucharadita de levadura en polvo
2 cucharadas de leche

Para el crujiente de piña:
60 g de mantequilla blanda
90 g de azúcar moreno blando
440 g de piña en lata aplastada
  y muy escurrida
60 g de nueces picadas

1 Precaliente el horno a 180 °C. Engrase ligeramente un molde de 18 x 28 cm, poco profundo; fórrelo con papel sulfurizado que sobresalga por dos lados opuestos.

2 Bata la mantequilla y el azúcar con la batidora hasta que la mezcla esté suave y cremosa. Añada los huevos por separado y bata bien después de cada huevo.

3 Tamice la harina y la levadura con una pizca de sal e incorpórelos poco a poco en la mezcla de huevo. Agregue la leche. Distribuya la masa homogéneamente en el molde y hornee 25 minutos o hasta que se dore. Deje enfriar durante 15 minutos. Precaliente el grill a temperatura alta.

4 Para hacer el crujiente de piña, bata la mantequilla y el azúcar hasta que estén bien mezclados e incorpore después la piña y las nueces. Extienda poco a poco sobre la base de mantecada y coloque bajo el grill 5 minutos o hasta que la superficie se caramelice.

5 Deje enfriar el dulce unos minutos antes de cortarlo.

Incorpore la harina, la levadura y la sal y luego la leche.

Extienda el crujiente de piña sobre la base de mantecada.

Pastel de zanahoria y jengibre

TIEMPO DE PREPARACIÓN: 20 minutos
TIEMPO DE COCCIÓN: 30 minutos
Para 15 porciones

185 g de harina
1 cucharadita de levadura en polvo
1 cucharadita de canela molida
2 cucharaditas de jengibre molido
90 g de azúcar blanquilla
300 g de zanahoria, rallada
60 g de mantequilla, derretida
115 g de miel
3 cucharadas de aceite vegetal
3 huevos batidos

1 Precaliente el horno a 180 °C. Engrase ligeramente un molde de 18 x 28 cm, poco profundo; fórrelo con papel sulfurizado que sobresalga por dos lados opuestos.

2 Tamice la harina, la levadura, la canela y el jengibre en un cuenco grande. Añada el azúcar y la zanahoria y mézclelos bien. Deje un hueco en el centro y añada la mantequilla derretida, la miel, el aceite y los huevos. Mézclelo todo bien.

3 Vierta la mezcla en el molde y alise la superficie. Hornee de 20 a 30 minutos o hasta que se dore. Deje enfriar bien antes de desmoldarlo para cortarlo.

Tamice la harina, la levadura, el jengibre y la canela en un cuenco.

Haga un hueco y añada la mantequilla, la miel, el aceite y los huevos.

Extienda la mezcla en el molde. Alise la superficie con una cuchara.

Dulces de dátiles y melocotón

TIEMPO DE PREPARACIÓN: 15 minutos
+ 30 minutos en remojo
TIEMPO DE COCCIÓN: 40 minutos
Para 24 porciones

200 g de orejones de melocotón
125 g de harina con levadura
125 g de harina
90 g de azúcar moreno blando
110 g de azúcar sin refinar
1 ½ cucharaditas de canela molida
45 g de coco rallado
125 g de dátiles picados
125 g de mantequilla derretida

1 Engrase ligeramente un molde cuadrado de 23 cm, poco profundo; fórrelo con papel sulfurizado que sobresalga por dos lados opuestos.

2 Trocee los orejones de melocotón y póngalos en un cuenco. Cúbralos con agua hirviendo y déjelos en remojo 30 minutos. Precaliente el horno a 180 °C. Escurra los melocotones y reserve 125 ml del líquido.

3 Ponga los distintos tipos de harina y de azúcar, la canela, el coco y los dátiles en un cuenco. Añada la mantequilla derretida, los melocotones y el líquido reservado y remueva poco a poco hasta que todo esté bien mezclado.

4 Extienda la mezcla en el molde y hornee 35-40 minutos o hasta que se dore y al introducir un pincho en el centro de la masa, salga seco. Deje enfriar en el molde 5 minutos y luego desmolde sobre una rejilla para dejarlo enfriar del todo.

Con unas tijeras o un cuchillo afilado, trocee los melocotones.

Mezcle las harinas, el azúcar, la canela, los dátiles y el coco.

Añada la mantequilla, los melocotones y el líquido y mezcle bien.

Cuadraditos de frutos secos

TIEMPO DE PREPARACIÓN: 15 minutos

+ tiempo para enfriar

TIEMPO DE COCCIÓN: 10 minutos

Para 20 porciones

60 g de arroz inflado
160 g de muesli tostado
60 g de coco rallado
40 g de pipas de calabaza
40 g de semillas de sésamo
40 g de almendras con piel picadas
35 g de pacanas picadas
120 g de melaza o miel
60 g de mantequilla de cacahuete crujiente
125 g de mantequilla troceada
95 g de azúcar moreno blando

1 Engrase ligeramente un molde cuadrado de 23 cm, poco profundo. Mezcle el arroz inflado, el muesli, el coco, las pipas, las semillas de sésamo, las almendras y las pacanas en un cuenco grande.

2 Ponga la melaza, la mantequilla de cacahuete, la mantequilla y el azúcar en un cazo y remueva a fuego lento hasta que todo esté bien mezclado. Deje cocer a fuego lento 5 minutos. Añada la mezcla de frutos secos y mezcle para que queden bien bañados.

3 Ponga la mezcla en el molde y aplástela bien contra la base. Deje enfriar varias horas o hasta que esté dura al tacto. Desmolde y corte en cuadrados para servir.

Ponga los ingredientes secos en un cuenco grande y mézclelos.

Cueza la melaza, la mantequilla de cacahuete, la mantequilla y el azúcar.

Con ayuda de una cuchara, aplaste la mezcla en el molde.

Pastel de coco y guindas

TIEMPO DE PREPARACIÓN: 25 minutos

TIEMPO DE COCCIÓN: 40 minutos

Para 24 porciones

90 g de mantequilla
90 g de azúcar blanquilla
1 cucharadita de esencia de vainilla
1 huevo batido
85 g de harina
40 g de harina con levadura

Para la cobertura de coco y cereza:
240 g de guindas confitadas, picadas
180 g de coco rallado
60 g de azúcar blanquilla
2 cucharadas de harina con levadura
1 huevo batido
185 ml de leche

1 Precaliente el horno a 180 °C. Engrase ligeramente un molde de 20 x 30 cm, poco profundo; fórrelo con papel sulfurizado que sobresalga por dos lados opuestos.

2 Ponga la mantequilla, el azúcar y la esencia de vainilla en un cuenco pequeño y bátalos con la batidora hasta que la mezcla esté suave y cremosa. Añada el huevo mientras sigue batiendo. Tamice las harinas e incorpórelas a la mezcla con una cuchara metálica. Extienda la mezcla de forma homogénea en el molde forrado.

3 Ponga todos los ingredientes de la cobertura de coco y guindas en un cuenco y mézclelos bien. Extiéndalos de forma homogénea sobre la base. Hornee durante 40 minutos o hasta que la preparación esté firme y bien dorada. Deje que el pastel se enfríe en el molde antes de desmoldarlo para cortarlo.

Bata la mantequilla, el azúcar y la vainilla, y añada el huevo.

Extienda la mezcla de forma homogénea en el molde forrado.

Mezcle todos los ingredientes de la cobertura de coco y guindas.

Galletas de avena

TIEMPO DE PREPARACIÓN: 10 minutos
TIEMPO DE COCCIÓN: 40 minutos
Para 30 porciones

150 g de mantequilla
110 g de azúcar sin refinar
175 g de jarabe de melaza o miel
350 g de copos de avena

1 Precaliente el horno a 180 °C. Engrase ligeramente un molde de 25 x 30 cm; fórrelo con papel sulfurizado que sobresalga por dos lados opuestos.

2 Ponga la mantequilla, el azúcar y el caramelo en un cazo y remueva a fuego lento hasta que la mantequilla se haya derretido. Deje que rompa a hervir y retire del fuego.

3 Ponga los copos de avena en un cuenco grande. Incorpore la mezcla de mantequilla caliente y mezcle todo bien.

4 Extiéndalo en el molde y hornee durante 25-30 minutos o hasta que se dore. Deje enfriar en el molde 5 minutos, desmóldelo y póngalo sobre una rejilla para que se enfríe bien.

Cueza lentamente la mantequilla, el azúcar y el caramelo en un cazo.

Incorpore la mezcla de mantequilla caliente a los copos de avena.

Extienda la mezcla en el molde con una cuchara.

Delicias de frutas

TIEMPO DE PREPARACIÓN: 35 minutos
TIEMPO DE COCCIÓN: 35 minutos
Para 24 porciones

125 g de mantequilla
90 g de azúcar blanquilla
1 cucharadita de esencia de vainilla
2 yemas de huevo
250 g de harina
1 cucharadita de levadura en polvo
1 cucharada de leche
160 g de confitura de frambuesa
40 g de nueces picadas
80 g de guindas confitadas picadas

Para el merengue de coco:
2 claras de huevo
125 g de azúcar blanquilla
1 cucharada de ralladura de naranja
45 g de coco rallado
30 g de arroz inflado

1 Precaliente el horno a 180 °C. Engrase ligeramente un molde de 20 x 30 cm, poco profundo; fórrelo con papel sulfurizado que sobresalga por dos lados opuestos.

2 Ponga la mantequilla, el azúcar y la vainilla en un cuenco pequeño y bata con la batidora hasta que la mezcla esté suave y cremosa. Añada las yemas de huevo gradualmente mientras sigue batiendo tras cada adición.

3 Tamice la harina y la levadura e incorpórelas a la mezcla con una cuchara metálica. Incorpore la leche y vierta en el molde de forma homogénea, aplastando bien la mezcla contra la base. Extienda la confitura y espolvoree las nueces y las guindas.

4 Para el merengue de coco, bata las claras a punto de nieve en un cuenco pequeño. Incorpore el azúcar y la ralladura de naranja con una cuchara metálica y después el coco y el arroz inflado. Extiéndalo sobre la masa con una espátula metálica.

5 Hornee de 30 a 35 minutos o hasta que esté firme y bien dorado. Sáquelo del horno y deje que se enfríe en el molde antes de cortarlo en barritas.

Extienda la masa, aplastándola contra la base, y coloque después la confitura.

Extienda el merengue de coco sobre la masa con una espátula metálica.

Barritas integrales de limón y nuez

TIEMPO DE PREPARACIÓN: 30 minutos
TIEMPO DE COCCIÓN: 30 minutos
Para 30 porciones

2 cucharaditas de ralladura de limón
45 g de azúcar lustre
110 g de harina integral
30 g de harina
110 g de azúcar sin refinar
150 g de nueces troceadas
90 g de frutas confitadas picadas
115 g de jarabe de melaza o miel
125 g de mantequilla troceada

1 Ponga la ralladura de limón y el azúcar lustre en un cuenco pequeño y frote el azúcar y la ralladura con las manos para mezclarlos bien. Extienda en un plato y deje que se seque.

2 Precaliente el horno a 180 °C. Engrase ligeramente un molde de 20 x 30 cm, poco profundo; fórrelo con papel sulfurizado que sobresalga por dos lados opuestos.

3 Tamice los dos tipos de harina en un cuenco grande y quite las cáscaras que puedan caer en el cuenco. Añada el azúcar, las nueces y las frutas variadas y mezcle.

4 Ponga la melaza y la mantequilla en un cazo y deje que se derrita. Vierta en el cuenco y mezcle bien.

5 Extienda la mezcla en el molde y hornee de 25 a 30 minutos o hasta que se dore y al introducir un pincho en el centro salga seco. Enfríe en el molde. Ponga el azúcar al limón en un tamiz y espolvoree el bizcocho antes de cortarlo.

Frote la ralladura de limón con el azúcar.

Tamice las harinas sobre un cuenco y quite las cáscaras que puedan caer.

Extienda la mezcla en el molde y hornee durante 25-30 minutos.

Pastel de almendra y naranja

TIEMPO DE PREPARACIÓN: 15 minutos
TIEMPO DE COCCIÓN: 30 minutos
Para 16 porciones

150 g de mantequilla
3 cucharadas de zumo de naranja
1 cucharadita de ralladura de naranja
6 Weet-bix* machacadas (*galletas de cereales
  con alto contenido en fibra)
185 g de harina
185 g de azúcar blanquilla
45 g de coco rallado
45 g de almendras fileteadas

Para el glaseado de naranja:
1 clara de huevo
1 cucharadita de ralladura de naranja
125 g de azúcar lustre
2 cucharadas de almendras fileteadas

1 Precaliente el horno a 180 °C. Engrase ligeramente un molde de 18 x 28 cm, poco profundo; fórrelo con papel sulfurizado que sobresalga por dos lados opuestos.

2 Derrita la mantequilla en un cazo pequeño, añada el zumo de naranja y remueva. Mezcle la ralladura de naranja, las galletas Weet-bix, la harina, el azúcar, el coco y las almendras en un cuenco; incorpore la mezcla de mantequilla y mezcle bien. Distribúyalo uniformemente en el molde y aplaste bien la masa contra la base. Entalle la superficie con un tenedor.

3 Para el glaseado de naranja, mezcle la clara de huevo, la ralladura de naranja y el azúcar lustre hasta obtener una mezcla homogénea. Extienda una capa fina de la mezcla sobre la masa, distribuya las almendras fileteadas por encima y hornee 30 minutos o hasta que el pastel se dore.

4 Deje enfriar antes de cortar (el glaseado se agrietará).

Mezcle la ralladura, galletas, harina, azúcar, coco y almendras.

Distribuya uniformemente la masa en el molde forrado y aplástela bien.

Pinche la masa con un tenedor antes de extender el glaseado.

Delicias de sésamo y albaricoque

TIEMPO DE PREPARACIÓN: 20 minutos

TIEMPO DE COCCIÓN: 35 minutos

Para 25 porciones

135 g de coco rallado

50 g de semillas de sésamo, y unas pocas más
  para decorar

100 g de copos de avena

115 g de azúcar sin refinar

125 g de harina tamizada

2 cucharaditas de canela molida

90 g de orejones de albaricoque, picados

150 g de mantequilla

115 g de jarabe de melaza o miel

2 huevos batidos

1 Engrase ligeramente un molde de 18 x 28 cm, poco profundo; fórrelo con papel sufurizado que sobresalga por dos lados opuestos. Precaliente el horno a 180 °C.

2 Ponga el coco y las semillas de sésamo en placas para el horno separadas y hornee 5 minutos o hasta que se doren, removiendo de vez en cuando para que no se quemen. (Puede que el coco se tueste un poco más rápidamente que las semillas de sésamo y haya que sacarlo primero.) Póngalo en un cuenco grande, añada los copos de avena, el azúcar, la harina, la canela y los albaricoques y mézclelo todo bien.

3 Derrita la mantequilla y el jarabe en un cazo pequeño y añada después los ingredientes secos y los huevos. Remueva bien.

4 Extienda la mezcla en el molde aplastándola con una cuchara. Alise la superficie y esparza las semillas de sésamo reservadas aplastándolas un poco en la masa. Hornee durante 20-25 minutos o hasta que se dore. Deje enfriar bien y después desmolde y corte en cuadrados.

*Mezcle la mantequilla y el jarabe
y añada los ingredientes secos.*

*Aplaste bien la mezcla en el molde
con ayuda de una cuchara.*

Galletas crujientes de avena

TIEMPO DE PREPARACIÓN: 15 minutos
TIEMPO DE COCCIÓN: 20 minutos
Para 20 porciones

300 g de copos de avena
75 g de coco rallado
230 g azúcar moreno
200 g de mantequilla
1 ½ cucharadita de esencia de vainilla

Para el glaseado de jengibre:

250 g de azúcar lustre
2 cucharaditas de jengibre molido
50 g de mantequilla
2 cucharaditas de jarabe de melaza o miel
1 cucharadita de esencia de vainilla
2 cucharadas de leche

1 Forre un molde de 18 x 28 cm, poco profundo, con papel sulfurizado que sobresalga por dos lados opuestos. Precaliente el horno a 180 °C.

2 Ponga los copos de avena, el coco y el azúcar en un cuenco grande. Derrita la mantequilla y la vainilla en un cazo pequeño a fuego lento y añádalos después al cuenco. Mezcle bien.

3 Extienda la masa en el molde y aplástela con una cuchara. Hornee durante 15 minutos o hasta que se dore. Vuelva a aplastarla con la cuchara y déjela en el molde hasta que esté bien fría.

4 Para el glaseado de jengibre, tamice el azúcar y el jengibre en un cuenco refractario. Añada la mantequilla, el jarabe y la esencia de vainilla y la leche suficiente hasta que la mezcla esté homogénea. Póngala al baño María y remueva hasta que el baño esté bien caliente y suficientemente líquida como para poder verterla. Extiéndala sobre el pastel y alise la superficie con una espátula. Cuando el glaseado haya cuajado, corte el pastel en cuadrados.

Ponga la avena, el coco y el azúcar moreno en un cuenco grande.

Ponga el cuenco al baño María y remueva el glaseado.

Vierta el glaseado sobre el pastel y extiéndalo con una espátula.

Porciones de chocolate y nueces

TIEMPO DE PREPARACIÓN: 25 minutos
+ tiempo para enfriar
TIEMPO DE COCCIÓN: 20 minutos
Para 16 porciones

125 g de harina con levadura
2 cucharadas de cacao en polvo
125 g de azúcar blanquilla
60 g de coco rallado
125 g de mantequilla derretida
1 cucharadita de esencia de vainilla
125 g de pacanas o nueces picadas

Para el glaseado de chocolate:

125 g de azúcar lustre
1 cucharada de cacao en polvo
15 g de mantequilla derretida
1-½ cucharadas de leche
60 g de nueces o pacanas picadas

1 Precaliente el horno a 180 °C. Engrase ligeramente un molde de 18 x 28 cm, poco profundo; fórrelo con papel sulfurizado que sobresalga por dos lados opuestos.

2 Tamice la harina y el cacao en un cuenco grande. Eche después el azúcar y el cacao y remueva bien. Añada la mantequilla derretida, la esencia de vainilla y las nueces y remueva hasta que esté bien mezclado y todos los ingredientes se hayan humedecido. Extienda la masa en el molde y aplástela bien. Hornee durante 20 minutos o hasta que se dore. Deje que se enfríe bien antes de desmoldarla.

3 Para el glaseado de chocolate, tamice el azúcar lustre y el cacao en un cuenco. Añada la mantequilla y leche suficiente para que el glaseado pueda extenderse bien. Extiéndalo sobre la base de masa con una espátula metálica. Espolvoree con las nueces y deje cuajar 1 hora. Córtelo después en triángulos.

Mezcle los ingredientes secos con la mantequilla, la vainilla y las nueces.

Extienda la masa en el molde y aplástela bien.

Extienda el glaseado de chocolate sobre la masa con una espátula.

Galletas de frutas

TIEMPO DE PREPARACIÓN: 25 minutos
+ tiempo para enfriar
TIEMPO DE COCCIÓN: 1 hora
Para 24 porciones

280 g de harina
1 cucharadita de especias variadas
80 g de azúcar moreno blando
200 g de mantequilla troceada
2 cucharadas de zumo de limón
300 g de frutas secas y confitadas variadas
170 ml de zumo de naranja

1 Precaliente el horno a 180 °C. Engrase ligeramente un molde de 20 x 30 cm, poco profundo; fórrelo con papel sulfurizado que sobresalga por dos lados opuestos.

2 Bata a intervalos la harina, las especias, el azúcar y la mantequilla en el robot hasta que la mezcla forme migas. Añada el zumo de limón y bata un poco para humedecer todos los ingredientes.

3 Deje aparte una taza de esta mezcla y eche el resto en el molde, aplastándola bien con una cuchara. Alise la superficie y hornee durante 15-20 minutos o hasta que esté bien dorada. Deje que se enfríe.

4 Ponga las frutas secas y el zumo de naranja en un cazo pequeño y remueva a fuego medio de 10 a 15 minutos o hasta que las frutas secas estén blandas y el líquido se haya evaporado. Páselas a un cuenco y deje que se enfríen. Extiéndalas después sobre la masa. Espolvoree la masa reservada sobre la preparación y hornee 20 minutos o hasta que se dore. Deje enfriar antes de cortar.

Mezcle la harina, las especias, el azúcar, la mantequilla y el zumo de limón.

Caliente las frutas secas con el zumo de naranja.

Extienda las frutas sobre el molde y espolvoree con la masa reservada.

Barritas de muesli

TIEMPO DE PREPARACIÓN: 20 minutos
+ tiempo para enfriar
TIEMPO DE COCCIÓN: 50 minutos
Para 18 porciones

250 g de mantequilla
250 g de azúcar blanquilla
2 cucharadas de miel
250 g de copos de avena
65 g de coco rallado
30 g de copos de maíz, ligeramente aplastados
50 g de almendras fileteadas
1 cucharadita de especias variadas
90 g de orejones de albaricoque, picados
185 g de frutas secas

1 Precaliente el horno a 160 °C. Engrase ligeramente un molde de 20 x 30 cm, poco profundo; fórrelo con papel sulfurizado que sobresalga por dos lados opuestos.

2 Ponga la mantequilla, el azúcar y la miel en un cazo pequeño y remueva a fuego lento durante 5 minutos o hasta que la mantequilla se haya derretido y el azúcar disuelto.

3 Mezcle los ingredientes y deje un hueco en el centro. Vierta en él la mezcla de mantequilla derretida y remueva bien. Reparta en el molde, aplastando bien. Hornee durante 45 minutos o hasta que se dore. Deje enfriar en el molde y refrigere 2 horas para que se endurezca antes de cortarlo.

Engrase el molde con mantequilla y fórrelo con papel sulfurizado.

Mezcle los ingredientes secos con la mantequilla derretida.

Refrigere el dulce 2 horas para que sea más fácil de cortar.

Cuadrados de jengibre y avena

TIEMPO DE PREPARACIÓN: 20 minutos
TIEMPO DE COCCIÓN: 45 minutos

Para 25 porciones

150 g de mantequilla troceada
165 g de azúcar moreno
125 ml de melaza
200 g de copos de avena
125 g de harina
1 cucharadita de bicarbonato
1 cucharada de jengibre molido
2 cucharaditas de especias variadas
125 ml de leche
2 cucharadas adicionales de copos de avena
2 cucharadas de azúcar sin refinar

1 Precaliente el horno a 180 °C. Engrase ligeramente un molde cuadrado de 23 cm, poco profundo; fórrelo con papel sulfurizado. Mezcle la mantequilla, el azúcar moreno y la melaza en un cazo y remueva a fuego medio. Retire del fuego.

2 Pique ligeramente los copos de avena en el robot y échelos en un cuenco grande con la harina, el bicarbonato y las especias molidas. Incorpore la mezcla de melaza y la leche y remueva bien.

3 Extienda la mezcla en el molde. Mezcle los copos de avena reservados con el azúcar sin refinar y espolvoréelos sobre la masa del molde.

4 Hornee durante 40 minutos, o hasta que al insertar un pincho en el centro de la masa salga seco. Deje que se enfríe en el molde durante 5 minutos y luego desmóldelo sobre una rejilla para que se enfríe del todo. Córtelo en porciones para servir.

Caliente la mantequilla, el azúcar y la melaza a fuego medio.

Pique los copos y mézclelos con la harina, el bicarbonato y las especias.

Extienda la mezcla en el molde y espolvoree con los copos y el azúcar.

Dados de trufa y avellana

TIEMPO DE PREPARACIÓN: 20 minutos
+ tiempo para enfriar
TIEMPO DE COCCIÓN: 25 minutos
Para 32 porciones

100 g de avellanas
90 g de mantequilla
90 g de azúcar blanquilla
90 g de harina
1 ½ cucharada de cacao en polvo

Para el glaseado de brandy y chocolate:

200 g de chocolate negro troceado
125 ml de crema de leche espesa
2 cucharaditas de brandy o ron

1 Precaliente el horno a 180 °C. Engrase ligeramente un molde para pan de 11 x 21 cm; fórrelo con papel sulfurizado que sobresalga por dos lados opuestos.

2 Extienda las avellanas en una placa para el horno y hornéelas 7 minutos o hasta que estén un poco doradas. Sáquelas del horno y, mientras aún estén calientes, envuélvalas en un paño y frótelas para quitarles la piel. Deje que se enfríen y píquelas.

3 Bata la mantequilla y el azúcar con la batidora hasta que la mezcla esté suave y cremosa. Tamice la harina y el cacao en un cuenco e incorpórelos después a la mezcla de mantequilla. Extienda uniformemente la masa en el molde y aplástela bien. Hornee de 15 a 20 minutos o hasta que esté firme. Deje que se enfríe.

4 Para hacer el glaseado de chocolate y brandy, ponga el chocolate y la crema en un cazo pequeño. Remueva a fuego lento hasta que el chocolate se derrita y la mezcla quede cremosa, con cuidado de no calentarla en exceso. Deje que se enfríe un poco y añada el brandy o el ron.

5 Añada las avellanas al glaseado y viértalo después sobre la base de masa fría. Refrigere varias horas o hasta que esté sólido. Este bizcocho es muy empalagoso, por lo que es mejor cortarlo en trozos pequeños para servir.

Tueste las avellanas y frótelas con un paño para pelarlas.

Añada las avellanas al glaseado y extiéndalo sobre la base.

Dulce de chocolate y menta

TIEMPO DE PREPARACIÓN: 25 minutos
+ tiempo para enfriar
TIEMPO DE COCCIÓN: 20 minutos
Para 24 porciones

90 g de harina con levadura
30 g cacao en polvo
45 g de coco rallado
60 g de azúcar
140 g de mantequilla derretida
1 huevo batido

Para el relleno de menta:
185 g de azúcar lustre tamizado
30 g de grasa vegetal blanca, derretida
2 cucharadas de leche
½ cucharadita de esencia de menta

Para el glaseado de chocolate:
185 g de chocolate negro troceado
30 g de grasa vegetal blanca

1 Precaliente el horno a 180 ºC. Engrase ligeramente un molde de 18 x 28 cm, poco profundo; fórrelo con papel sulfurizado que sobresalga por dos lados opuestos.

2 Tamice la harina y el cacao en un cuenco. Añada el coco y el azúcar y remueva; añada después la mantequilla derretida y el huevo y mezcle bien. Presione la mezcla en el molde. Hornee durante 15 minutos, aplaste con una cuchara y deje que se enfríe.

3 Para el relleno de menta, tamice el azúcar lustre en un cuenco. Añada la grasa, la leche y la esencia de menta y remueva. Extienda sobre la masa y deje que se enfríe de 5 a 10 minutos o hasta que esté sólido.

4 Para el glaseado de chocolate, ponga el chocolate y la grasa en un cuenco refractario y remueva al baño María, hasta que se haya derretido. Extienda glaseado sobre el relleno. Refrigere el bizcocho hasta que el glaseado se solidifique. Córtelo con un cuchillo caliente para hacer cortes limpios.

Añada la mantequilla derretida y el huevo a la harina.

Extienda el relleno de menta sobre la base fría.

Caliente el chocolate y la grasa al baño María.

Pastel Selva Negra

TIEMPO DE PREPARACIÓN: 30 minutos

+ tiempo para enfriar

TIEMPO DE COCCIÓN: 40 minutos

Para 12 porciones

125 g de mantequilla
200 g de chocolate negro, troceado
250 g de azúcar blanquilla
3 huevos batidos
1 cucharadita de esencia de vainilla
125 g de harina
30 g de cacao en polvo
2 latas de 425 g de guindas, deshuesadas
2 cucharadas de Kirsch
2 cucharadas de maicena
virutas de chocolate con leche y chocolate
   negro para decorar

1 Precaliente el horno a 180 °C. Engrase ligeramente un molde cuadrado de 23 cm, poco profundo; fórrelo con papel sulfurizado que sobresalga por dos lados opuestos.

2 Derrita la mantequilla y el chocolate en un cuenco refractario al baño María. Retire el cuenco del fuego y deje enfriar un poco. Incorpore el azúcar los huevos y la vainilla y bata.

3 Tamice juntos la harina y el cacao; añádalos a la mezcla de chocolate y remueva. Vierta la mezcla en el molde y alise la superficie; hornee durante 30 minutos o hasta que esté sólido al tacto. Retírelo del horno y deje que se enfríe.

4 Escurra las guindas y reserve el líquido. Póngalas en un cazo con el Kirsh y 350 ml de su líquido. Mezcle la maicena con un poco de agua hasta formar una mezcla homogénea e incorpórela al cazo sin dejar de remover hasta que la mezcla comience a hervir y espese.

5 Deje que se enfríe un poco; extienda la mezcla uniformemente sobre la base de chocolate. Refrigere hasta que cuaje. Desmolde el pastel y decore con las virutas de chocolate negro y blanco.

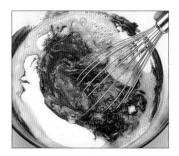

Retire el cuenco del fuego e incorpore el azúcar, los huevos y la vainilla.

Vierta la mezcla en el molde, alise la superficie y hornee 30 minutos.

Porciones de chocolate

TIEMPO DE PREPARACIÓN: 30 minutos
+ tiempo para enfriar
TIEMPO DE COCCIÓN: 50 minutos
Para 24 porciones

185 g de azúcar blanquilla
250 g de mantequilla
300 g de chocolate Toblerone^{MR}
125 g de harina con levadura
30 g de harina
30 g de cacao
2 huevos batidos
60 g de chocolate con leche

1 Precaliente el horno a 160 ºC. Engrase ligeramente un molde de 20 x 30 cm, poco profundo; fórrelo con papel sulfurizado que sobresalga por dos lados opuestos.

2 Ponta el azúcar, la mantequilla y una tercera parte del Toblerone^{MR} en un cazo con 125 ml de agua caliente. Remueva a fuego lento hasta que se derrita. Deje que se enfríe un poco.

3 Tamice las harinas y el chocolate en un cuenco grande y mézclelos. Añada la mezcla de chocolate derretido y bata hasta que esté todo bien mezclado. Añada los huevos gradualmente; no bata demasiado.

4 Vierta la mezcla en el molde y distribuya los trozos restantes de Toblerone^{MR} por encima. Hornee durante 45 minutos o introduzca un pincho en el centro de la masa; si sale seco estará cocido. Deje que se enfríe en el molde.

5 Derrita el chocolate con leche en un cuenco refractario al baño María. Decore el pastel con una manga pastelera. Refrigérelo 10 minutos.

Ponga el azúcar, la mantequilla y el Toblerone^{MR} en un cazo con el agua.

Vierta la mezcla en el molde y distribuya el resto de Toblerone^{MR}.

Adorne con chocolate con leche derretido con la manga pastelera.

Florentinas

TIEMPO DE PREPARACIÓN: 15 minutos
+ tiempo para enfriar
TIEMPO DE COCCIÓN: 15 minutos
Para 24 porciones

200 g de chocolate negro troceado
60 g de copos de maíz
60 g de pasas sultanas
80 g de cacahuetes sin salar
100 g de guindas confitadas cortadas
  por la mitad
30 g de pasas de Corinto
1 cucharada de frutas confitadas
210 g de leche condensada

1 Precaliente el horno a 180 °C. Engrase con mantequilla derretida o aceite un molde de 18 x 28 cm, poco profundo; fórrelo con papel de aluminio.

2 Derrita el chocolate en un cuenco refractario al baño María. Extiéndalo en el molde y métalo en el frigorífico 15 minutos o hasta que esté sólido.

3 Mezcle el resto de ingredientes hasta que queden bien cubiertos con la leche condensada; procure no aplastar demasiado los copos de maíz. Extienda la mezcla uniformemente sobre el chocolate y después hornee 12 minutos o hasta que se dore un poco.

4 Deje que el postre se enfríe y refrigere 15 minutos para que el chocolate se endurezca antes de cortarlo.

Derrita el chocolate en un cuenco refractario al baño María.

Mezcle los ingredientes restantes con la leche condensada.

Extienda la mezcla sobre el chocolate y hornee 12 minutos.

Barritas de pera y macadamia

TIEMPO DE PREPARACIÓN: 25 minutos

+ tiempo para enfriar

TIEMPO DE COCCIÓN: 50 minutos

Para 20 porciones

90 g de harina
25 g de mantequilla troceada
1 ½ cucharadas de almendra molida
1 ½ cucharadas de azúcar lustre
1 yema de huevo
¼ cucharadita de esencia de vainilla

Cobertura de macadamia:

100 g de nueces de macadamia troceadas
185 g de azúcar moreno blando
150 g de mantequilla troceada
1 cucharadita de esencia de vainilla
100 g de peras secas troceadas
50 g de pepitas de chocolate

1 Ponga la harina, la mantequilla, la almendra molida y el azúcar lustre en el robot de cocina y bata a intervalos hasta que la mezcla sea homogénea. Añada la yema de huevo, la vainilla y agua fría en cantidad suficiente para ligar la masa. Sáquela y forme una bola; envuélvala con plástico. Déjela enfriar 30 minutos.

2 Precaliente el horno a 180 °C. Forre con papel sulfurizado la base y las paredes de un molde cuadrado, de 20 cm. Extienda la masa con el rodillo y forre el molde. Hornee 15 minutos o hasta que la masa esté un poco dorada. Déjela enfriar.

3 Extienda las nueces de macadamia en una placa para el horno y tuéstelas 7 minutos o hasta que se doren bien.

4 Ponga el azúcar y la mantequilla en un cazo y remueva a fuego lento hasta que la mantequilla se derrita y el azúcar se disuelva. Deje que la mezcla rompa a hervir, baje la temperatura y deje cocer a fuego lento 1 minuto sin dejar de remover. Retire del fuego y añada la vainilla, las peras, las pepitas de chocolate y las nueces de macadamia.

5 Extienda la mezcla sobre la masa y hornee 30 minutos o hasta que se formen burbujas. Deje enfriar el dulce en el molde antes de cortarlo en barritas.

Extienda la masa, forre el molde y hornee 15 minutos.

Retire el cazo y mezcle con la vainilla, las peras, el chocolate y las macadamias.

Tarta de chocolate blanco, frambuesas y queso

TIEMPO DE PREPARACIÓN: 1 hora

+ 1 noche para enfriar

TIEMPO DE COCCIÓN: 6 minutos

Para 16 porciones

150 g de galletas machacadas
90 g de mantequilla derretida
½ cucharadita de mezcla de especias
1 cucharada de gelatina
100 g de chocolate blanco
125 g de queso crema ablandado
90 g de azúcar blanquilla
1 huevo
250 ml de crema de leche espesa
1 cucharadita de esencia de vainilla
300 g de frambuesas
virutas de chocolate blanco para servir

1 Forre con papel sulfurizado la base y las paredes de un molde cuadrado de 20 cm, de modo que sobresalga por todos los lados.

2 Mezcle las galletas, la mantequilla derretida y la mezcla de especias y extienda la preparación uniformemente en el molde y aplástela. Refrigere mientras prepara la cobertura.

3 Disuelva la gelatina en 2 cucharadas de agua y deje que se enfríe un poco. Derrita el chocolate en un cuenco refractario al baño María y deje que se enfríe.

4 Bata el queso crema y el azúcar con la batidora hasta que la mezcla esté suave y cremosa. Añada el huevo, la crema y la esencia de vainilla y bata hasta que todo esté bien mezclado. Con la batidora a baja potencia, añada la gelatina fría y el chocolate derretido y bata un poco hasta que todo esté bien mezclado, pero no bata en exceso.

5 Vierta esta mezcla por encima de la base de galletas y distribuya las frambuesas aplastándolas un poco en la masa. Refrigere toda la noche para que cuaje. Corte en cuadrados y decore con virutas de chocolate.

Extienda la base de galletas de manera uniforme y aplástela en el molde.

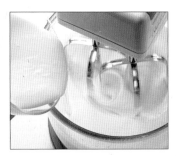
Añada la gelatina y el chocolate a la mezcla y bata a baja potencia.

Distribuya las frambuesas sobre la base aplastándolas un poco.

Rocas

TIEMPO DE PREPARACIÓN: 30 minutos
+ tiempo para enfriar
TIEMPO DE COCCIÓN: 12 minutos
Para 18 porciones

250 g de nubes dulces rosas y blancas,
   cortadas por la mitad
160 g de cacahuetes sin sal, picados
100 g de guindas confitadas, cortadas
   por la mitad
60 g de coco rallado
350 g de chocolate negro troceado

1 Forre un molde alargado de 8 x 26 cm con papel
de aluminio. Mezcle en un cuenco grande las nubes,
los cacahuetes, las guindas y el coco.

2 Derrita el chocolate en un cuenco refractario al baño
María, sin dejar de remover. Añádalo a la mezcla de
nubes y mezcle bien todos los ingredientes. Distribuya
uniformemente la mezcla en el molde y aplástela bien.

3 Refrigere la preparación unas horas o hasta que
esté sólida. Desmolde y córtela en trozos pequeños
para servir.

Corte las nubes por la mitad con unas tijeras.

Pique los cacahuetes.

Añada el chocolate derretido a las nubes y distribuya en el molde.

57

Pastel de *cappuccino*

TIEMPO DE PREPARACIÓN: 30 minutos
+ tiempo para enfriar
TIEMPO DE COCCIÓN: 50 minutos
Para 16 porciones

40 g de harina con levadura
30 g de harina
1 cucharada de cacao en polvo
60 g de azúcar blanquilla de grano fino
1 huevo batido
1 cucharadita de esencia de vainilla
65 g de mantequilla derretida
60 ml de leche

Para el relleno de *cappuccino*:
350 g de queso crema
100 g de queso mascarpone
90 g de crema agria
90 g de azúcar blanquilla
3 huevos batidos
1 cucharada de café instantáneo
50 g de chocolate negro rallado

1 Precaliente el horno a 180 °C. Engrase ligeramente un molde cuadrado de 19 cm; fórrelo con papel sulfurizado que sobresalga por dos lados opuestos.

2 Tamice las harinas y el cacao sobre un cuenco, incorpore el azúcar y deje un hueco en el centro. Mezcle el huevo, la vainilla, la mantequilla y la leche y viértalos en el hueco; remueva hasta que todo esté mezclado. Vierta en el molde y hornee 10-15 minutos; deje enfriar. Baje la temperatura del horno a 160 °C.

3 Para el relleno, bata el queso crema, el mascarpone y la crema agria con la batidora durante 3 minutos o hasta que la mezcla esté homogénea. Añada el azúcar poco a poco y bata otros 3 minutos. Incorpore los huevos por separado, batiendo bien tras cada adición.

4 Disuelva el café en un poco de agua caliente, incorpórelo al relleno y bátalo; vierta el relleno sobre la base. Hornee durante 30-35 minutos o hasta que cuaje. Deje enfriar bien en el molde. Decore con el chocolate rallado para servir.

Incorpore el huevo, la mantequilla y la leche a los ingredientes secos.

Bata el queso crema, el mascarpone y la crema agria.

Vierta el relleno sobre la base y hornee de 30 a 35 minutos.

Pastas de chocolate blanco y avellanas

TIEMPO DE PREPARACIÓN: 30 minutos
TIEMPO DE COCCIÓN: 50 minutos
Para 16 porciones

210 g de avellanas enteras
125 g de harina
55 g de avellanas molidas
90 g de chocolate blanco, troceado
125 g de azúcar blanquilla
100 g de mantequilla
1 huevo

Para la cobertura de caramelo:
400 g de leche condensada
2 cucharadas de jarabe de melaza
50 g de mantequilla

1 Precaliente el horno a 180 °C. Engrase ligeramente un molde de 18 x 28 cm, poco profundo; fórrelo con papel sulfurizado que sobresalga por los lados.

2 Ponga las avellanas en una placa para el horno y hornéelas de 5 a 8 minutos. Envuélvalas en un paño y frótelas para quitarles la piel.

3 Tamice la harina sobre un cuenco grande. Añada las avellanas molidas y haga un hueco en el centro.

4 Ponga el chocolate, el azúcar y la mantequilla en un cazo y remueva a temperatura media hasta que se derrita. Deje enfriar un poco y vierta la mezcla sobre los ingredientes secos. Añada el huevo y mezcle bien. Extienda la mezcla uniformemente en el molde y aplástela bien con una cuchara. Hornee 20 minutos y déjelo enfriar.

5 Para la cobertura, ponga en un cazo la leche condensada, el jarabe y la mantequilla. Remueva a fuego lento hasta que rompa a hervir. Vierta la mezcla sobre la base y distribuya por encima las avellanas; hornee 15 minutos. Deje enfriar bien antes de desmoldar para cortar.

Tueste las avellanas y envuélvalas en un paño para pelarlas.

Vierta el chocolate sobre los ingredientes secos.

Rombos de chocolate y regaliz

TIEMPO DE PREPARACIÓN: 20 minutos

+ tiempo para enfriar

TIEMPO DE COCCIÓN: 35 minutos

Para 15 porciones

125 g de mantequilla
125 g de chocolate negro troceado
280 g de azúcar moreno blando
125 g de harina
2 huevos batidos
40 g de regaliz blando, finamente picado

Para la cobertura de regaliz y chocolate:

150 g de chocolate negro troceado
80 ml de crema de leche espesa
125 g de tiras de regaliz blando cortadas
 en cuartos longitudinalmente

1 Precaliente el horno a 180 °C. Engrase ligeramente un molde cuadrado de 23 cm, poco profundo; fórrelo con papel sulfurizado que sobresalga por dos lados opuestos.

2 Ponga la mantequilla y el chocolate en un cazo grande y remueva a fuego lento hasta que el chocolate se derrita. Añada el azúcar y remueva hasta que esté casi disuelto. Deje que se enfríe un poco.

3 Tamice la harina y un poco de sal sobre un cuenco. Añada el huevo y el regaliz a la mezcla de chocolate y agregue la harina. Vierta la mezcla en el molde y hornee durante 30 minutos. Deje enfriar en el molde.

4 Para la cobertura de chocolate y regaliz, ponga el chocolate y la crema en un cazo y remueva a fuego lento hasta que estén bien mezclados. Retire del fuego y deje enfriar un poco. Extienda uniformemente la mezcla sobre la base. Adorne con las tiras de regaliz por encima presionándolas ligeramente.

5 Refrigere durante 30 minutos o hasta que el chocolate esté duro. Corte en rombos para servir.

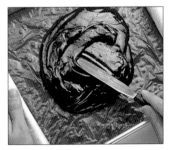

Extienda sobre el fondo frío la mezcla de crema y chocolate.

Adorne con las tiras de regaliz presionándolas ligeramente.

Pastel de chocolate blanco con mango

TIEMPO DE PREPARACIÓN: 25 minutos
TIEMPO DE COCCIÓN: 45 minutos
Para 10 porciones

100 g de mantequilla
125 g de azúcar blanquilla
2 huevos batidos
1 cucharadita de esencia de vainilla
185 g de harina con levadura
125 ml de suero
100 g de chocolate blanco, rallado
2 latas de 425 g de mango en rodajas escurrido o 2 mangos frescos grandes, cortados en rodajas
60 g de azúcar blanquilla, para el almíbar

1 Precaliente el horno a 180 °C. Engrase ligeramente un molde de 18 x 28 cm, poco profundo; fórrelo con papel sulfurizado que sobresalga por dos lados opuestos.

2 Bata la mantequilla y el azúcar con la batidora hasta que la mezcla esté cremosa. Añada por separado el huevo y la vainilla, batiendo bien después de cada ingrediente. Bata a fondo.

3 Tamice la harina. Con una cuchara metálica, añada la harina y el suero a la mezcla batida y remueva hasta que todo esté bien mezclado. Incorpore el chocolate rallado, vierta en el molde y alise la superficie. Distribuya las rodajas de mango encima. Ponga el molde sobre una placa para el horno y hornee durante 35-40 minutos.

4 Ponga el azúcar restante en un cazo pequeño con 1 cucharada de agua y remueva a fuego lento hasta que el azúcar se disuelva. Deje que rompa a hervir, baje la temperatura y deje cocer a fuego lento de 1 a 2 minutos. Pincele el pastel con el almíbar nada más sacarlo del horno. Córtelo en porciones y sírvalo caliente con natillas o nata.

Incorpore la harina y el suero a la mezcla, y después el chocolate.

Pincele el pastel con el almíbar nada más sacarlo del horno.

Pastel de limón y almendras

TIEMPO DE PREPARACIÓN: 25 minutos
TIEMPO DE COCCIÓN: 35 minutos
Para 15 porciones

60 g de harina
40 g de harina con levadura
2 cucharadas de azúcar lustre
60 g de mantequilla, troceada
1 huevo batido

Para la crema de almendras:
3 huevos a temperatura ambiente
125 g de azúcar blanquilla
2 cucharaditas de ralladura de limón
125 ml de zumo de limón
80 g de almendras molidas
250 ml de crema de leche espesa

1 Precaliente el horno a 190 °C. Engrase bien con mantequilla derretida un molde cuadrado de 23 cm, poco profundo.

2 Ponga las harinas, el azúcar y la mantequilla en el robot de cocina y mézclelos a intervalos hasta que se formen migas. Añada el huevo y bata un poco, hasta que la masa ligue; añada un poco de agua si es necesario.

3 Presione la masa contra el molde y pínchela con un tenedor. Hornee durante 10-12 minutos o hasta que esté pálida. Deje que se enfríe. Baje el horno a 180 °C.

4 Para la crema de almendras, bata los huevos y el azúcar con una cuchara de madera. Añada la ralladura y el zumo de limón, las almendras y la crema. Vierta la mezcla sobre la pasta y hornee durante 20-25 minutos o hasta que la superficie haya cuajado. Deje enfriar en el molde antes de cortar en cuadrados. Queda delicioso acompañado de nata montada y decorado con tiras de cáscara de limón.

Bata las harinas, el azúcar y la mantequilla hasta obtener migas.

Presione la masa contra el molde y pínchela bien con un tenedor.

Bata los huevos y el azúcar y mezcle con el resto de ingredientes.

Pastel de lima y crema

TIEMPO DE PREPARACIÓN: 30 minutos

+ tiempo para enfriar

TIEMPO DE COCCIÓN: 10 minutos

Para 12 porciones

250 g de galletas tipo María
120 g de mantequilla derretida
40 g de flan en polvo
250 g de azúcar blanquilla
60 g de maicena
750 ml de leche
250 ml de zumo de lima
60 g de mantequilla
3 yemas de huevo
nata montada y virutas de chocolate para servir

1 Forre con papel sulfurizado un molde de 20 x 30 cm, poco profundo, de modo que el papel sobresalga por dos lados opuestos.

2 Triture bien las galletas en el robot de cocina. Añada la mantequilla derretida y mezcle bien. Presione la masa en el molde y aplástela bien; refrigérela mientras hace el relleno.

3 Ponga el flan en polvo, el azúcar y la maicena en un cazo. Mezcle la leche y el zumo de lima con 185 ml de agua y vierta la mezcla poco a poco en el cazo. Remueva a temperatura media durante 5 minutos o hasta que la crema rompa a hervir y espese. Retírela del fuego y déjela enfriar un poco. Incorpore la mantequilla y las yemas de huevo y mezcle bien.

4 Viértala sobre la base y deje enfriar durante 2-3 minutos. Decore con nata montada y virutas de chocolate.

Presione las galletas en el molde forrado.

Remueva la crema al fuego hasta que rompa a hervir y se espese.

Retírela del fuego, enfríela y añádale la mantequilla y las yemas.

Pastel de *mousse* de chocolate

TIEMPO DE PREPARACIÓN: 40 minutos

+ 1 noche para enfriar

TIEMPO DE COCCIÓN: 15 minutos

Para 16 porciones

40 g de mantequilla
80 g de chocolate negro troceado
115 g de azúcar moreno blando
1 huevo batido
40 g de harina
1 cucharada de cacao en polvo
30 g de pacanas picadas

Para la *mousse*:
400 g de chocolate negro, troceado
600 ml de crema de leche espesa
3 huevos (claras y yemas separadas)
2 cucharadas de licor de café
3 cucharaditas de gelatina
chocolate negro fundido para servir

1 Precaliente el horno a 180 °C. Engrase un molde cuadrado de 23 cm, fórrelo con papel sulfurizado.

2 Ponga la mantequilla, el chocolate y el azúcar en un cazo pequeño y remueva a fuego lento hasta que se derrita. Deje enfriar un poco, añada el huevo, la harina, el chocolate y las pacanas. Extienda la mezcla en el molde y hornee 10 minutos. Deje enfriar en el molde, refrigere 15 minutos y desmolde. Limpie el molde, engráselo un poco y forre la base y los lados con película transparente.

3 Para la *mousse*, ponga el chocolate en un cuenco. Caliente la mitad de la crema en un cazo hasta que rompa a hervir. Añada el chocolate y derrítalo removiendo. Añada las yemas de huevo y el licor y mezcle. Disuelva la gelatina en 1 cucharada de agua hirviendo e incorpórelo a la mezcla.

4 Bata las claras a punto de nieve. Bata la crema sobrante a punto de nieve. Incorpore primero la crema y después las claras al chocolate y viértalas en el molde. Enfríe 15 minutos.

5 Déle la vuelta al bizcocho y póngalo sobre la *mousse*. Tápelo y refrigere toda la noche. Déle la vuelta, retire la película y espolvoree con el chocolate.

Mezcle el chocolate con los huevos, la harina, el cacao y las pacanas.

Incorpore la crema y las claras batidas a la mezcla de chocolate.

Vierta la mousse en el molde y ponga encima el bizcocho.

Pastel de fresa y kiwi

TIEMPO DE PREPARACIÓN: 1 hora

+ tiempo para enfriar

TIEMPO DE COCCIÓN: 35 minutos

Para 8 porciones

30 g de avellanas molidas
125 g de harina
30 g de azúcar lustre
40 g de mantequilla
1 huevo

Para la cobertura de crema:

2 yemas de huevo
60 g de azúcar blanquilla
30 g de harina
310 ml de leche
1 cucharada de ralladura de naranja
4 fresas cortadas por la mitad
1 kiwi pelado y cortado en rodajas
110 g de gelatina de manzana

1 Engrase con mantequilla derretida
o aceite una tartera desmoldable
de 35 x 11 cm.

2 Mezcle las avellanas, la harina, el azúcar
y la mantequilla en el robot 20 segundos;
añada después el huevo y bata hasta que la
mezcla ligue. Haga una bola con la masa, envuélvala
con película transparente y refrigere 30 minutos.
Precaliente el horno a 180 °C.

3 Extienda la masa con el rodillo entre dos hojas
de papel y forre el molde. Recorte los bordes.
Cubra con papel y rellene con bolitas para
hornear. Hornee 15 minutos, retire el papel
y las bolitas y hornee otros 10 minutos. Deje enfriar.

4 Para la cobertura de crema, ponga las yemas
de huevo y el azúcar en un cazo y bata hasta
que blanqueen. Añada la harina y la leche y la
ralladura de naranja poco a poco. Remueva a fuego
medio de 5 a 10 minutos o hasta que la mezcla hierva
y se espese. Viértala sobre la masa, déjela enfriar y
refrigere 30 minutos.

5 Desmolde y corte en 8 porciones. Decore cada
una con media fresa y una rodaja de kiwi. Derrita
la gelatina y pincele con ellas las frutas.

Forre el fondo y las paredes
del molde.

Bata las yemas y el azúcar hasta
que se espesen y blanqueen.

Remueva la crema constantemente
hasta que hierva y espese.

Pastel de crema agria y cerezas

TIEMPO DE PREPARACIÓN: 30 minutos
+ tiempo para enfriar
TIEMPO DE COCCIÓN: 30 minutos
Para 15 porciones

200 g de galletas tipo María, machacadas
1 cucharadita de canela molida
90 g de mantequilla, derretida
2 latas de 425 g de cerezas deshuesadas
600 g de crema agria
90 g de azúcar blanquilla
2 huevos batidos

1 Engrase ligeramente un molde de 20 x 30 cm, poco profundo; fórrelo con papel sulfurizado que sobresalga por dos lados opuestos. Precaliente el horno a 160 °C.

2 Mezcle las galletas, la canela y la mantequilla y presione la mezcla en el molde aplastándola con una cuchara. Refrigere 30 minutos o hasta que esté firme.

3 Escurra las cerezas, lávelas bien y séquelas con papel de cocina. Córtelas por la mitad y distribúyalas sobre la base de galleta. Mezcle la crema, al azúcar y el huevo y viértala sobre las cerezas.

4 Hornee 30 minutos o hasta que la cobertura cuaje. Deje enfriar. Refrigere 30 minutos o hasta que esté firme. Desmolde después para cortar.

Con el dorso de una cuchara, presione la base de galleta contra el molde.

Corte las cerezas por la mitad y distribúyalas sobre la base de galleta.

Vierta la mezcla de crema agria, azúcar y huevo sobre las cerezas.

Flan bizcochado

TIEMPO DE PREPARACIÓN: 20 minutos

TIEMPO DE COCCIÓN: 35 minutos

Para 12 porciones

150 g de mantequilla
185 g de azúcar moreno blando
4 huevos (claras y yemas separadas)
2 cucharadas de jarabe de melaza
30 g de harina
250 ml de leche
nata y fresas fileteadas para decorar

1 Precaliente el horno a 180 °C. Engrase ligeramente un molde de 18 x 28 cm, poco profundo; fórrelo con papel sulfurizado que sobresalga por dos lados opuestos.

2 Bata la mantequilla y el azúcar con la batidora hasta que la mezcla esté suave y cremosa. Añada las yemas de huevo y el jarabe y bata hasta que todo esté bien mezclado. Incorpore la harina alternándola con la leche (no se preocupe si parece que la mezcla está cortada).

3 Bata las claras a punto de nieve. Añádalas a la mezcla de mantequilla y vierta en el molde.

4 Ponga el molde en una fuente para el horno; después, vierta agua caliente hasta cubrir la mitad de la altura del molde. Hornee 30-35 minutos o hasta que el flan esté esponjoso y dorado por arriba.

5 Retire el molde de la fuente y deje enfriar antes de desmoldar y cortar. Decore las porciones con una cucharada de nata y con las fresas reservadas.

Incorpore la harina y la leche con una cuchara metálica.

Bata las claras a punto de nieve; incorpórelas después a la mezcla.

Vierta agua caliente en la fuente para el horno para el baño María.

Pastel de maracuyá

TIEMPO DE PREPARACIÓN: 30 minutos

+ tiempo para enfriar

TIEMPO DE COCCIÓN: 55 minutos

Para 12 porciones

Para la crema de maracuyá:

5 huevos

250 g de azúcar blanquilla

1 cucharada de harina

160 g de pulpa de maracuyá (un poco más
  para servir)

1 cucharada de zumo de limón

125 g de mantequilla troceada

125 g de harina

2 cucharadas de harina de arroz

80 g de mantequilla

2 cucharadas de azúcar lustre

1 cucharadita de ralladura de limón

1-2 cucharadas de zumo de limón

1 Precaliente el horno a 180 °C. Engrase ligeramente un molde cuadrado de 20 cm; fórrelo con papel sulfurizado que sobresalga por dos lados opuestos.

2 Para la crema de maracuyá, bata los huevos, el azúcar y la harina en un cazo. Añada la pulpa de maracuyá y el zumo de limón y mezcle. Incorpore la mantequilla y remueva a fuego lento hasta que se derrita. Siga removiendo hasta que cubra el dorso de la cuchara, antes de que rompa a hervir. Retire del fuego, tape con película transparente y deje enfriar varias horas.

3 Bata en el robot a intervalos las harinas, la mantequilla, el azúcar lustre y la ralladura de limón hasta que se formen pequeñas migas. Añada el zumo de limón y bata hasta que la masa ligue. Reparta la mezcla con una cuchara en el molde y aplástela bien con el dorso. Hornee durante 15 minutos y déjela enfriar bien después.

4 Vierta la crema de maracuyá sobre la base y hornee de 25 a 30 minutos o hasta que cuaje. Deje enfriar en el molde antes de cortar. Sirva con nata montada y vierta la pulpa de maracuyá reservada.

Bata los huevos, el azúcar y la harina y añada el maracuyá y el zumo.

Remueva la crema de maracuyá a fuego lento.

Vierta la crema de maracuyá fría sobre la base también fría y hornee.

BLUME

Título original:
Slices

Traducción:
Almudena Frutos Velasco

Revisión y adaptación de la edición en lengua española:
Ana María Pérez Martínez
Especialista en temas culinarios

Coordinación de la edición en lengua española:
Cristina Rodríguez Fischer

Primera edición en lengua española 2006

© 2006 Naturart, S.A. Editado por Blume
Av. Mare de Déu de Lorda, 20
08034 Barcelona
Tel. 93 205 40 00 Fax 93 205 14 41
E-mail: info@blume.net
© 2006 Murdoch Books, Sídney (Australia)

I.S.B.N.: 84-8076-629-8

Impreso en China

CONSULTE EL CATÁLOGO DE PUBLICACIONES *ON-LINE*
INTERNET: HTTP://WWW.BLUME.NET